# Filosofia per principianti

Come comprendere le basi della filosofia e applicarle con successo nella vita di tutti i giorni attraverso esercizi pratici.

Jakob Schröter

# CONTENUTO


Cosa può aspettarsi da questo libro.................................1

Per amore della saggezza.................................3

Concetti di base della filosofia.................................5

   Che cos'è la filosofia?.................................6

   Epoche e correnti della filosofia - una panoramica
.................................10

La filosofia come scienza e guida personale.................13

Antichità greca.................................17

   Presocratici.................................19

   Periodo classico.................................21

   Filosofia ellenistica.................................28

Filosofia dell'Estremo Oriente.................................31

   Taoismo.................................32

   Confucianesimo.................................34

   Il buddismo.................................36

L'Età dei Lumi.................................39

   Razionalismo.................................41

   Empirismo.................................42

   La sintesi.................................47

Il cammino verso la modernità.................................51

Idealismo ...................................... 52

Il marxismo ...................................... 54

Materialismo e positivismo ...................................... 56

Filosofia della vita e dell'esistenza ...................................... 58

Le donne nella filosofia ...................................... 62

Esercizi filosofici e consigli per la vita quotidiana .. 66

Scrivere i pensieri ...................................... 67

Discutere ...................................... 68

Vivere con comprensione ...................................... 69

Cambiare o accettare ...................................... 70

Consideri le conseguenze del suo comportamento ...................................... 71

Riconoscere l'ingiustizia - mostrare impegno .... 73

Riflettere su ciò che conta davvero nella vita ..... 74

Riconoscere e fermare la disonestà ...................................... 75

Istruzione e ampliamento degli orizzonti .......... 77

Conclusione: penso, quindi sono - o no? ...................................... 78

# Cosa può aspettarsi da questo libro

Filosofia - il termine suona affascinante, bello, in qualche modo romantico e armonioso e allo stesso tempo come un grande sforzo intellettuale. In realtà, la filosofia non è né particolarmente romantica né particolarmente faticosa.

È vero che bisogna usare il cervello e che forse alcune cose vanno oltre il normale buon senso, ma fondamentalmente la filosofia è semplicemente interessarsi alle persone e al mondo. L'immagine che si ha nella mente degli antichi filosofi greci che passeggiano nelle loro lunghe vesti sotto il sole ateniese mentre si scambiano pensieri può sembrare romantica, ma spesso affrontavano questioni serie e molti non facevano solo amicizia con i loro pensieri a volte rivoluzionari.

Tuttavia, la filosofia non è assolutamente un "vecchio cappello", ma una scienza umana che ha attraversato lo sviluppo dell'umanità fin dall'antichità e ha creato in modo significativo la società in cui viviamo oggi. Inoltre, i temi centrali della filosofia sono rilevanti oggi come allora e possono dare un contributo prezioso al mondo e a ciascun individuo, per uno sviluppo positivo.

In questa guida, vorrei darle una prima visione del grande tema della filosofia e avvicinarla a lei in modo pratico. Dopo aver spiegato cos'è esattamente la filosofia e di cosa si occupa, vorrei introdurla non solo ad alcune importanti correnti filosofiche e alla saggezza dei filosofi, ma anche darle alcuni esercizi e consigli per aiutarla a integrare facilmente la filosofia nella sua vita.

# Per amore della saggezza

Si è mai chiesto come si potrebbe rendere il mondo più giusto, cosa è giusto e cosa è sbagliato, o quale comportamento è moralmente giusto o sbagliato? A volte pensa se esista un Dio o un piano superiore in base al quale si svolgono gli eventi nel mondo? Si preoccupa dell'importanza della natura, di cosa sia l'amore o del significato della vita? Oppure si chiede cosa conta davvero nella vita, cos'è la felicità e come raggiungerla? Questo significa che lei riflette sul mondo e sulla sua vita, quindi non si limita ad accettare tutto senza metterlo in discussione. Questo è molto positivo, anche se può farle venire più spesso il mal di testa, perché significa che usa la sua mente - e quindi è già un piccolo filosofo. Forse se ne è già reso conto e quindi ha acquistato questo libro per ampliare il suo pensiero, oppure spera di trovare risposte alle sue domande attraverso la saggezza di filosofi più anziani e conosciuti.

Entrambe le cose sono possibili - ma subito: filosofia significa "amore per l'intelligenza", non "intelligenza" in sé. Quindi, in questo libro troverà molti pensieri con i quali potrà rispondere alle sue domande, se lo desidera, ma che sono soprattutto suggerimenti per pensare da solo.

Perché "amore per la saggezza" significa che va alla ricerca della saggezza, ma non necessariamente che trova risposte definitive. Con ogni pensiero, tuttavia, si diventa un po' più saggi e quindi la invito a immergersi nel mondo della filosofia, a portare con sé i vecchi pensieri e a svilupparne di nuovi.

Si diverta a leggere, imparare e filosofeggiare!

# Concetti di base della filosofia

Cosa bisogna fare per essere un filosofo? Non molto, in realtà: solo pensare. In pratica, quello che si fa sempre. Tuttavia, c'è una differenza rispetto al pensiero "normale", perché questo di solito si occupa di cose quotidiane non necessarie, come ad esempio cosa comprare, quali vestiti indossare a una festa o perché non piace al suo collega. Il pensiero filosofico, invece, significa mettere in discussione il mondo e pensare alle cose della vita che contano davvero.

Anche se questo suona molto intellettuale, vorrei affermare che praticamente tutti hanno filosofeggiato prima o poi. Perché per quanto complicati possano sembrare (o essere) alcuni pensieri filosofici, di solito partono da una domanda che fa parte della vita quotidiana. L'obiettivo è la riflessione stessa, e questo è il modo in cui i filosofi dei secoli e dei millenni passati si sono ripetutamente spinti, interrogati e sviluppati a vicenda.

## CHE COS'È LA FILOSOFIA?

La filosofia si occupa della vita e di tutto ciò che costituisce e influenza l'essere umano e la convivenza umana.

Al di là di questo, però, si tratta anche del giusto comportamento in relazione al mondo, delle connessioni logiche degli eventi mondiali e del pensiero stesso. Virtù, etica, moralità e logica sono aspetti centrali di tutta la filosofia. Lo sforzo della filosofia è quindi quello di comprendere meglio tutto ciò che accade in noi e intorno a noi e di trovare la strada 'giusta' per le proprie azioni. Gli argomenti spaziano dalla propria esistenza fisica alla felicità, alla giustizia, alla scienza, alla religione e all'universo. Esempi di domande filosofiche sono:

*Che cos'è l'amore?*
*Che cos'è la felicità?*
*Che cos'è la giustizia?*
*Che cos'è la libertà?*

*Perché moriamo?*

*Dove andiamo quando moriamo?*

*C'è un destino?*

*Cosa possiamo sapere?*

*C'è un significato più elevato in quello che sta accadendo?*

*È etico mangiare carne?*

*Dove si trova la fine dell'universo?*

*Esistono dimensioni parallele?*

*Le cose esistono davvero o si tratta solo di immaginazione?*

*A chi è permesso di governare sugli altri?*

*Perché pensiamo?*

*Che cosa è moralmente giusto e sbagliato?*

*Come sono collegati il corpo e la mente?*

*Esiste un Dio?*

*Gli esseri umani possono interferire con la natura?*

*Qual è il significato della vita?*

Queste sono solo alcune delle innumerevoli domande possibili che si presentano in filosofia. Secondo Immanuel Kant, le domande fondamentali sono:



Di conseguenza, i temi fondamentali della filosofia sono la metafisica, l'etica, la religione e l'antropologia. Si tratta di un ulteriore sviluppo dei temi dell'antichità greca, in cui la virtù, la verità e la natura in particolare giocavano un ruolo centrale.

In pratica, qualsiasi cosa può diventare una domanda filosofica se la si mette in discussione. Un semplice esempio di come viene utilizzato nei corsi di filosofia è la domanda: "È rimasta della senape nel frigorifero?". All'inizio si pensa: cosa c'è di filosofico in questo? La senape c'è o non c'è, a seconda che l'abbia comprata o l'abbia già consumata. In un secondo momento, si tratta di un problema filosofico, perché come si fa a sapere che la senape è nel frigorifero se la porta del frigo è chiusa? Le risposte "sì" o "no" presuppongono che si possa sapere cosa c'è in un luogo che non si può vedere al momento. Ma come fa a saperlo? Sa solo che la senape era presente (o meno) l'ultima volta che ha guardato nel frigorifero. Ma chi può dire che qualcuno non abbia portato via la senape o non l'abbia mangiata nel frattempo? E come fa a sapere che ciò che non vede in questo momento esiste in quel momento?

Nel pensiero umano, alcune norme sono fondamentalmente ancorate a come qualcosa deve essere o deve essere definito. Queste norme vengono formate nelle persone attraverso l'educazione, i contesti sociali, culturali e religiosi e diventano parte del loro pensiero, in modo che le percepiscano come auto-evidenti e irrevocabili. La filosofia va oltre i limiti di queste norme, le mette in discussione in modo critico e le rovescia. Se qualcosa viene messo in discussione filosoficamente, si dissolve nel nulla, perché non esiste una risposta concreta e inconfutabile. Alla fine, al più tardi, sorge la domanda: ma come facciamo a sapere che è davvero così?

L'obiettivo della filosofia non è quindi quello di trovare una risposta universalmente valida alla domanda posta in ogni caso, ma di mettere in prospettiva la norma esistente, di innescare il processo di pensiero e di trovare la propria risposta (momentaneamente) corretta per se stessi. A questo scopo, il filosofo utilizza il suo intelletto, ossia cerca di ampliare la sua comprensione dell'argomento in questione in modo razionale e con un pensiero logico.

# EPOCHE E CORRENTI DELLA FI-LOSOFIA - UNA PANORAMICA

Essendo una delle prime scienze, la storia della filosofia risale all'epoca dell'antichità, ossia a qualche secolo prima della nascita di Cristo. Ciò che è particolarmente interessante è che in questo periodo, le correnti filosofiche sono sorte contemporaneamente in diverse culture, ognuna delle quali ha sviluppato un grande potere nella propria sfera culturale - e indipendentemente l'una dall'altra in Grecia, Cina, India, Persia e Israele. Questo è noto come il "Periodo dell'Asse della storia mondiale". Nell'antichità greca, la filosofia e le scienze naturali erano strettamente legate, da cui deriva il termine "madre delle scienze", mentre in Oriente c'era talvolta un forte legame con la religione.

Alla fine dell'antichità, tuttavia, i flussi della filosofia si erano già esauriti e nulla, o quasi, seguì in Europa per molto tempo, dopo che il Cristianesimo, originariamente osteggiato, era diventato la religione di Stato nell'Impero Romano, che alla fine governava anche la Grecia, tra gli altri luoghi. Sebbene il Cristianesimo trasmetta effettivamente il messaggio di carità, uguaglianza e tolleranza, nel Medioevo fu usato in modo improprio come strumento di potere.

Nel Medioevo, la Chiesa cristiana dominava sul popolo, la fede assumeva il ruolo supremo nella società. Anche il governo del re o dell'imperatore derivava dalla volontà di Dio. Chiunque sostenesse il contrario era considerato un "eretico" e veniva giustiziato. La filosofia esisteva, ma nulla veniva messo in discussione; al contrario, il potere della Chiesa veniva confermato.

La filosofia fu così degradata a strumento della teologia. Nell'epoca della scolastica (dal IX al XIV secolo), si ponevano domande filosofiche e si soppesavano criticamente i pro e i contro, ma solo nella misura in cui i limiti della fede lo permettevano. Tommaso d'Aquino, in particolare, giunse alla conclusione che la fede e la ragione non erano in contraddizione, poiché entrambe provenivano da Dio, e che Dio aveva stabilito la legge suprema, che costituiva il quadro per la legge naturale e quindi anche per la ragione umana. Tuttavia, fece anche riferimento all'antico filosofo Aristotele e alle virtù, come la giustizia, la fortezza e la temperanza, che erano un aspetto importante della filosofia greca.

Verso la fine del Medioevo, le classi medie si rafforzarono e gli individui osarono sempre più sviluppare il proprio pensiero.

Nell'Umanesimo (dal 1400 al 1600 circa), filosofi come Petrarca ed Erasmo da Rotterdam guardarono all'antichità e, nel suo spirito, chiesero che l'uomo sviluppasse un'educazione completa, sensibilità estetica, sincerità e sicurezza politica. D'ora in poi, solo la ragione e l'esperienza dovevano servire alla conoscenza, in modo che l'influenza dell'autorità ecclesiastica o statale sul pensiero diminuisse.

Questo cambiamento filosofico rivoluzionò anche la scienza - ad esempio, Nicolaus Copernicus e Galileo Galilei fecero delle ricerche sull'universo e stabilirono che la terra girava intorno al sole, non il sole intorno alla terra come era stato propagandato in precedenza dalla Chiesa.

La successiva grande rivoluzione nella visione del mondo ebbe luogo nell'Età dei Lumi, quando, tra le altre cose, l'idea dello Stato moderno fu sviluppata a partire dal valore della libertà. Dobbiamo quindi alla filosofia il mondo libero in cui viviamo oggi.

Nell'era moderna, ci sono stati e continuano ad esserci molti filosofi che sviluppano i pensieri delle correnti filosofiche precedenti in relazione al mondo, alla società e alla vita umana. In questo periodo, la filosofia esorta principalmente alla modestia, offre vie per la propria felicità e chiede l'uguaglianza per tutti, soprattutto per le donne e gli uomini.

Nel prosieguo della guida, le presenterò in modo più approfondito le correnti filosofiche più importanti e i loro pensatori.

# La filosofia come scienza e guida personale

La filosofia non è solo una materia scolastica offerta come alternativa alla religione, ma anche un corso universitario di scienze umane. Tuttavia, ha difficoltà ad essere considerata una 'scienza', perché i critici sostengono che si differenzia fondamentalmente dalle altre scienze sia per la portata dei suoi argomenti che per la sua metodologia.

Le altre scienze si occupano di uno spettro specifico di argomenti, mentre la filosofia si occupa di tutto ciò che rientra nelle aree delle altre scienze e lo capovolge mettendolo in discussione. Inoltre, a seconda della corrente, non lavora con prove e fatti come le altre scienze, ma solo con i pensieri e di conseguenza crea solo opinioni e non fatti.

Tuttavia, è la "madre delle scienze", perché ad eccezione del diritto, della teologia e della medicina, tutte le altre scienze si sono sviluppate da essa. Senza la filosofia, quindi, non ci sarebbero quasi scienze, perché mancherebbero le ragioni della loro esistenza. All'inizio c'erano le domande e, con vari metodi, si è iniziato a cercare risposte scientifiche sulla base di queste domande. Se si dicesse che la filosofia non è una scienza, si priverebbero le altre scienze della loro base. Perché qual è lo scopo della ricerca se non si cercano risposte? E se si cercano risposte, si tratta di nuovo di filosofia.

Essendo una delle scienze più antiche, ha la sua ragion d'essere soprattutto perché è l'unica che ha il potere di aprirci gli occhi sulla virtù, la moralità e la giustizia, perché non si limita ad accettare i fatti e le norme in quanto tali. Le idee filosofiche sono state la causa di cambiamenti fondamentali diverse volte nella storia, come la Rivoluzione francese o l'abolizione della schiavitù, e costituiscono una base importante per i nostri valori e strutture sociali. Ad esempio, senza la filosofia probabilmente non esisterebbero la democrazia, la libertà e l'uguaglianza per tutti i cittadini e nessun sistema sociale.

Per definirsi 'filosofo', tuttavia, non è necessario aver studiato filosofia. Piuttosto, chiunque può essere un filosofo se ha il coraggio di andare oltre i limiti precedenti del proprio pensiero.

Tuttavia, la filosofia non esiste solo per l'"amore per l'intelligenza" (che è la traduzione letterale del termine "philosophia") e come mezzo per migliorare il mondo per la comunità delle persone e per l'ambiente naturale, ma offre a ogni individuo la possibilità di rendere la propria vita più felice, di trovare il proprio significato personale nella vita e di ampliare i propri orizzonti. Grazie alla filosofia, può diventare più equilibrato e acquisire forza interiore, in modo da vivere una vita più libera dallo stress e raggiungere meglio i suoi obiettivi. Riflettendo sulla vita e sul mondo, può rendersi conto di ciò che conta davvero e diventare così più felice, perché smette di preoccuparsi di inezie e di lottare per cose che non ha. Impara anche a vedere il mondo nel suo insieme e a guardare gli eventi da diverse angolazioni, in modo da rendersi conto che la maggior parte delle cose non sono così negative come le sembrano.

Inoltre, apre gli occhi su aree del mondo che vanno oltre il suo ambiente e riflette su ciò che è importante per la società e l'ambiente nel suo complesso. In questo modo, non solo stimola la sua materia grigia, ma sviluppa anche idee su come migliorare il mondo e il desiderio di darvi un contributo significativo. In questo modo, la filosofia aiuta anche lei stesso, perché da un lato rende il mondo in cui vive un po' migliore e dall'altro aumenta la sua autostima.

In definitiva, la filosofia non solo la spinge a pensare e ad agire in modo intelligente, ma se inizia a pensarci, può trasmetterla ad altre persone, proprio come i famosi filosofi, in modo che anche loro usino la loro mente e lavorino per creare un mondo migliore. Nei capitoli seguenti troverà alcuni suggerimenti e saggezza filosofica; in seguito le darò alcuni esercizi e consigli direttamente applicabili per la sua vita filosofica quotidiana.

# Antichità greca

In Grecia, a partire dal VII/VI secolo a.C., emerse il primo sistema culturale europeo completo, in cui l'arte, la musica, l'architettura, la storia, la letteratura, la mitologia e varie scienze come la matematica, l'astronomia, la geografia, la biologia e la fisica formavano un'unità.

Poiché gli antichi Greci erano navigatori e commercianti, conobbero altre culture, come la Babilonia e l'Egitto, dove esistevano già culture avanzate con grandi conoscenze. I Greci svilupparono ulteriormente queste conoscenze, in particolare attraverso i filosofi. La filosofia era molto riconosciuta all'epoca ed era ciò su cui si basava quasi tutto nella società e nella scienza. L'intera epoca della filosofia greco-antica è durata solo circa 500 anni, eppure qui è stata sviluppata un'ampia gamma di teorie e intuizioni filosofiche, talmente fondate da aver influenzato tutti i filosofi delle epoche successive e da costituire le fondamenta della nostra società.

In questo periodo di origine della filosofia europea, l'essere, la verità, la conoscenza, la natura dell'uomo e il suo destino morale erano i temi centrali. Il "destino morale" significa il bene, la virtù, l'anima e la felicità. Tutto ciò era riassunto in 'aletheia', che significa non rivelazione. Le scienze naturali occupavano un posto importante all'interno della filosofia, oppure diversi filosofi erano anche scienziati naturali.

Tuttavia, non è così facile generalizzare, perché c'erano diverse epoche all'interno della filosofia greca antica e diversi punti di vista tra i rispettivi filosofi. Inoltre, si specializzarono in aree diverse, ad esempio uno si occupò maggiormente del linguaggio, un altro della logica, un terzo dell'etica e un altro ancora delle questioni giuridiche. Nella maggior parte dei casi si occupavano di scienze naturali o di scienze umane, ma ce n'erano alcuni che avevano un grande talento in entrambi i campi. Tra questi ci sono Pitagora e Aristotele, per esempio.

# PRESOCRATICI

La filosofia greca inizia con il periodo presocratico, che (come si può facilmente intuire) prende il nome dal fatto che si riferisce alla filosofia prima dell'epoca di Socrate. Socrate è stato considerato il primo grande filosofo mondiale che ha rivoluzionato il pensiero, per cui tutto ciò che lo precede è considerato semplicemente 'presocratico'.

I presocratici si occupavano principalmente del cosmo e delle sue leggi, dell'anima e delle leggi della natura. Pitagora non si occupava solo di formule matematiche, ma sviluppò anche l'idea che l'anima e non il corpo fossero la vera essenza dell'uomo. Secondo lui, l'anima è inquinata dal fisico e quindi l'uomo deve lavorare per rendere la sua anima pura. Empedocle sosteneva l'opinione che i quattro elementi di acqua, terra, fuoco e aria sono mossi dall'amore e dall'odio, vale a dire che in base al fatto che i quattro elementi sono la base della natura e della nostra vita, l'amore e l'odio hanno il potere su come tutto si sviluppa.

Democrito studiò gli atomi e giunse alla conclusione che anche l'anima è fatta di atomi. Eraclito credeva che nulla può esistere senza il suo opposto, ad esempio il calore non può esistere senza il freddo, la pace non può esistere senza la guerra e l'amore non può esistere senza l'odio. Pertanto, riteneva che la lotta fosse una parte necessaria della vita e, inoltre, persino l'origine del mondo.

Dichiarò anche che il logos era la legge suprema che governava il mondo, e quindi la saggezza consisteva nel riconoscerla. In filosofia, "logos" significa ragione o pensiero razionale; la parola "logica" deriva da questo termine. Eraclito, tuttavia, estese la comprensione del logos a tal punto che doveva essere inteso come un "principio del mondo", cioè l'ordine fondamentale e superiore secondo il quale tutto nel mondo e nel cosmo funziona. Infine, però, furono i sofisti intorno a Pitagora che, con il loro relativismo e scetticismo, misero nuovamente in discussione tutto. Giunsero all'idea che l'uomo fosse la "misura di tutte le cose" e che ci fossero due affermazioni contraddittorie su ogni cosa. L'essere è visto come soggettivo e mutevole, perché tutto ciò che va oltre l'essere umano è messo in dubbio.

**Saggezza da portare via**

"Nella misura in cui interveniamo nella natura, dobbiamo fare molta attenzione a ripristinare il suo equilibrio". (Eraclito)

"A tutti gli uomini è dato di conoscere se stessi e di essere saggi". (Eraclito)

"La cosa migliore per l'uomo è vivere la vita il più possibile nella tranquillità e il meno possibile nel dispiacere. Questo si può ottenere se non si cerca il proprio piacere nel transitorio". (Democrito)

"L'uomo invidioso danneggia se stesso come un nemico". (Democrito)

"Si dovrebbe rimanere in silenzio o dire cose che sono ancora meglio del silenzio". (Pitagora)

"La volontà è intronizzata come forza guida del destino". (Pitagora)

## PERIODO CLASSICO

La parte più importante della filosofia antica è il periodo classico tra il 427 e il 347 a.C.. I temi principali erano la virtù, l'etica, la ragione, la giustizia e la libertà. Tra la moltitudine di filosofi, il trio Aristotele, Socrate e Platone è particolarmente degno di nota. Platone era un allievo di Socrate e Aristotele un allievo di Platone, ma i loro punti di vista erano in parte diversi. Nel complesso, sono considerati i tre grandi della filosofia e meritano di essere considerati singolarmente.

**Socrate** (469-399 a.C.) era un filosofo laico che si occupava dell'uomo e della società. Le sue domande guida erano: Che cos'è l'uomo? Cosa deve fare per agire bene? Cosa deve fare per i suoi concittadini e per la sua comunità statale? Cosa non deve fare?

Nelle piazze di Atene insegnò la sua filosofia, per la quale si fece anche dei nemici. Non risparmiava le parole e accusava i politici, ad esempio, di essersi appropriati delle loro cariche per diritto di nascita o per status finanziario. Per questo motivo, fu condannato a morte con il pretesto che stava seducendo i giovani e commettendo blasfemia. Si sottomise a questa sentenza, nonostante i suoi amici volessero liberarlo dalla prigione, perché rimase fedele alla sua filosofia e volle difenderla fino all'ultimo. All'origine della sua teoria della conoscenza c'era la lettura di un'iscrizione dell'Oracolo di Delfi: "Conosci te stesso!". La base del suo insegnamento è quindi il tentativo di far sì che le persone riconoscano ciò che è giusto dall'interno di loro stesse (e non vengano convinte a farlo, come facevano i sofisti). Solo grazie a questo, poi, agiranno correttamente. Egli chiamò questo approccio "maieutica", che deriva dalla parola greca per "levatrice" (la professione di sua madre), perché la sua filosofia era la levatrice per la conoscenza delle persone.

I temi centrali della conoscenza erano la virtù e il bene, perché secondo lui (e secondo molti altri filosofi) questa è l'unica via per la beatitudine.

**Saggezza da portare via**

"La persona intelligente impara da tutto e da tutti, la persona normale impara dalle sue esperienze e la persona stupida sa tutto meglio di tutti".

"Si ricordi sempre che tutto è fugace; così non sarà troppo felice nella felicità o troppo triste nel dolore".
"Se vuole muovere il mondo, deve prima muovere se stesso".
"È saggio solo colui che sa di non esserlo".
"La storia non finisce con noi".
"La giusta azione segue il giusto pensiero".

**Platone** (427-347 a.C.) spostò lo sguardo dall'uomo verso l'eterno, che lo trascende. Secondo lui, esistono "idee eterne" e "verità eterne" che esistono indipendentemente dall'uomo e da questo mondo, ossia leggi cosmiche e soprannaturali.

Secondo Platone, queste idee e verità eterne dovrebbero essere presenti in ogni essere umano, perché sono nella natura dell'anima. La maggior parte delle persone non ne è consapevole, ma possono essere scoperte attraverso l'introspezione. A partire da queste idee e verità eterne, sviluppò visioni per uno Stato, un ordine legale e sociale in cui prevalgono la giustizia, la convivenza sociale e l'autodeterminazione dei cittadini. Dopo l'esecuzione del suo maestro Socrate, il figlio dell'aristocratico Platone viaggiò in vari Paesi, ad esempio in Egitto, e al suo ritorno fondò l'Accademia. Si trattava di un quartiere a circa 1600 metri da Atene, che era sia un parco che un luogo di insegnamento e di culto, e al quale erano ammessi solo i figli degli aristocratici. Non si trattava di un'università nel senso moderno del termine, perché non c'erano regolamenti fissi, ma c'era un'ampia gamma di studi, tra cui astronomia, matematica, biologia e teoria politica, oltre alla filosofia. Anche Aristotele studiò qui.

Platone vi insegnò la sua teoria delle idee, secondo la quale tutto ciò che l'uomo può sperimentare con i sensi nasce da un'idea primordiale. Queste immagini primordiali sono spirituali e immateriali, mentre ciò che si può sperimentare con i sensi è solo un'immagine dell'idea. Le idee esistono per le cose fisiche come gli alberi o le persone, ma anche per i valori e i principi come la giustizia o il bene. L'idea del bene è l'idea più alta, che sta al di sopra di tutte le altre e nel cui senso dovrebbero svolgersi tutti i pensieri e le azioni. Secondo Platone, per raggiungere la conoscenza e quindi la vita buona, bisogna ascendere dalla realtà alle idee. Lo equiparava all'uscita da una caverna.

L'esistenza dell'uomo è come una caverna sotto terra in cui le persone sono intrappolate e legate e possono vedere solo una parete della caverna su cui le ombre degli oggetti sono proiettate dal fuoco. Poiché le persone non hanno mai visto gli oggetti stessi, ma solo le loro ombre, pensano che queste immagini siano la realtà.

Quando una persona riesce a liberarsi dalle catene e si guarda intorno, riconosce gli oggetti che proiettano le ombre. Poi esce dalla caverna, all'inizio è accecato dalla luce, per cui vede di nuovo solo le ombre, ma poi si abitua e vede non solo le cose dell'ambiente, ma anche il sole. Per Platone, quest'ultimo era il simbolo delle idee e quindi la ragione d'essere più profonda.

Con questa allegoria della caverna, descrisse in modo molto vivido il processo di pensare da soli, che comporta molti sforzi e un grande rischio, ma ne vale la pena. Secondo Platone, il mondo delle idee è l'origine della realtà, ma entrambi i mondi esistono parallelamente. Mentre il mondo reale, sensualmente percepibile, è transitorio, il mondo delle idee è immutabile ed eterno.

**Aristotele** (384-322 a.C.) prese di nuovo una direzione diversa, vedendo lo scopo della filosofia come l'esplorazione del mondo in modo razionale e scientifico. Separò il lavoro scientifico e l'ideale filosofico, in modo che i due non fossero più compatibili, e fu considerato inattaccabile con le sue scoperte scientifiche per quasi due millenni. Un aspetto in particolare plasma la scienza ancora oggi, ovvero che la ricerca della verità è l'unico scopo di se stessa e non deve avere l'obiettivo di difendere pregiudizi o modi di vita.

Le sue opinioni e il suo stile di vita appaiono spesso sobri e privi di emozioni, e spesso si dice persino che non si preoccupasse delle altre persone. In realtà, era dell'opinione che Dio non fosse materia, ma un'entità di pensiero puro e che quindi non dovesse contaminarsi con le cose materiali.

Secondo lui, l'alta borghesia aristocratica aveva quindi il vantaggio di dedicarsi allo studio e di non doversi sporcare le mani con il lavoro fisico. D'altra parte, a parte gli scritti socratici e platonici, è soprattutto lui che ha fissato degli standard senza tempo per la virtù e la morale. Per comprendere questo contrasto, bisogna sapere che la virtù, secondo la definizione degli antichi Greci, implica l'assenza di passioni, perché le passioni, secondo loro, danneggiano la mente e impediscono il raggiungimento della beatitudine.

Una vita virtuosa significa pensare e agire in modo razionale e rinunciare alle distrazioni emotive e materiali, che portano a decisioni sbagliate e all'insoddisfazione. La via della felicità è vivere in armonia con la natura e con la propria anima. Questo non significa che non ci si possa preoccupare e amare le persone, ma che non bisogna lasciare che passioni come la rabbia, l'avidità, la paura, l'invidia o la tristezza ostacolino la mente, la pace interiore e la capacità di giudizio.

Aristotele non era quindi un filosofo particolarmente senza cuore, ma uno che sapeva controllarsi particolarmente bene e quindi applicare i propri insegnamenti di virtù.

**Saggezza da portare via**

"L'amicizia è una delle cose più necessarie nella nostra vita. Nella povertà e nella sfortuna, gli amici sono l'unico rifugio".

"Coprire un errore con una bugia significa sostituire una macchia con un buco".

"La gioia è la salute dell'anima".

"Se ci fosse la pace sulla terra, tutte le leggi sarebbero superflue".

"Chi preferisce la sicurezza alla libertà è giustamente uno schiavo".

"La felicità appartiene a coloro che sono autosufficienti".

"L'inizio di ogni saggezza è la meraviglia".

"La natura non fa nulla invano".

## FILOSOFIA ELLENISTICA

A ciò seguì la conquista della Grecia da parte di Alessandro Magno e successivamente di Roma. La filosofia fu allontanata dall'insegnamento pubblico e dal riconoscimento statale per passare alla sfera privata, ma ne derivarono comunque due correnti principali, ossia la Stoa e l'Epicureismo. La Stoa fu fondata da Zenone di Kition, che iniziò a insegnare la Stoa Poikile intorno al 300 a.C. nel portico ateniese che in seguito diede il nome alla corrente.

L'epicureismo si basa sul filosofo Epicuro. Entrambe le correnti emersero nello stesso periodo e si oppongono l'una all'altra. Sebbene entrambe avessero l'obiettivo, nel senso dell'intera filosofia dell'epoca, di indirizzare la condotta di vita verso la saggezza, lo fecero con metodi contrastanti.

Mentre gli Epicurei sceglievano il "principio del piacere", ossia provare piacere ed evitare il dolore, gli Stoici rifiutavano qualsiasi forma di affetto. La felicità poteva essere raggiunta solo rinunciando a tutte le passioni, sia positive che negative, perché in definitiva ogni passione, anche se rendeva felici al momento, era un ostacolo sul cammino della virtù e quindi della felicità, che poteva essere raggiunta solo attraverso la virtù. La Stoa, conosciuta anche come Stoicismo, è diventata una delle scuole di pensiero più influenti e potenti del mondo occidentale, perché fornisce un modo per affrontare la vita con calma, per raggiungere la propria felicità interiore e per non essere scossi da crisi o problemi.

L'etica e la natura giocano un ruolo decisivo in questo senso. Secondo Zenone, "ogni aspetto della natura contiene una forza che in ultima analisi è diretta verso il bene". Lo stoicismo sostiene che l'uomo deve agire secondo la propria natura, che consiste in un comportamento virtuoso, e comprendere la propria esistenza come parte della natura dell'universo, che fornisce la struttura superiore e infinita e al cui corso non si deve quindi resistere per trovare la felicità.

L'unica cosa cattiva al mondo era l'irragionevolezza, che quindi doveva essere sconfitta con la ragione. I filosofi romani continuarono a sostenere gli insegnamenti dello stoicismo, ma non li svilupparono ulteriormente; in particolare, vale la pena menzionare Lucio Anneo Seneca.

> **Saggezza da portare via**
>
> "Non nel grande sta il bene, ma nel buono sta il grande". (Zenone)
>
> "L'obiettivo della vita è una vita in armonia con la natura". (Zenone)
>
> "Infinito è il tempo del passato e del futuro; il tempo del presente è limitato". (Zenone)
>
> "Non è felice chi appare tale agli altri, ma chi si ritiene tale". (Seneca)
>
> "Chi è povero di desideri ha la più grande ricchezza". (Seneca)
>
> "Se ti sottometti alla natura, non sarai mai povero; se ti sottometti all'opinione, non sarai mai ricco". (Seneca)
>
> "Chi si avvicina allo specchio per cambiare, è già cambiato". (Seneca)
>
> "Non è perché è difficile che non osiamo farlo, ma perché non osiamo farlo che è difficile". (Seneca)

# Filosofia dell'Estremo Oriente

Mentre la maggior parte delle filosofie dell'Oriente erano strettamente intrecciate con le religioni del luogo, negli ultimi secoli prima di Cristo in Cina emersero due filosofie orientate alla vita umana: il taoismo e il confucianesimo.

La terza corrente principale dell'Estremo Oriente era il Buddismo. Sebbene quest'ultimo e in parte anche il Taoismo siano intesi come religioni, questa non era l'intenzione originaria, e quindi in questa sede ci occuperemo solo dell'aspetto filosofico. Come per gli antichi Greci, la natura, uno stile di vita moralmente corretto e l'equilibrio interiore giocano un ruolo centrale in queste tre visioni filosofiche del mondo, sebbene le filosofie siano state sviluppate indipendentemente l'una dall'altra, nello stesso momento, in continenti diversi e anche in questo caso i pensieri filosofici hanno esercitato un'influenza considerevole e duratura sulla società.

## TAOISMO

Quando esattamente il Taoismo (o Daoismo) abbia avuto origine non può essere storicamente provato. Si presume che il suo sviluppo risalga a molto prima del primo scritto conosciuto, intorno al 400 a.C.. Tuttavia, l'autore del Tao Te-King, Lao-tzu, è considerato il fondatore del Taoismo.

Ci sono tante speculazioni su Lao-tzu, il cui nome significa "vecchio maestro", così come sulla storia del Tao. In ogni caso, il Tao Te-King rivela il significato del Taoismo: è una visione del mondo e uno stile di vita che si suppone mostri alle persone la "via" giusta. La traduzione di "Tao" significa qualcosa come "la via", anche se nessuna traduzione si avvicina alla portata del significato della parola. Infatti, la via del Tao non è un sentiero come è comunemente conosciuto, cioè un percorso fisso che ha un inizio e una fine, ma il sentiero della natura e dell'essere.

Si possono scoprire dei parallelismi con i filosofi greci, in particolare Platone e gli Stoici, perché si dice che il Tao rappresenti il "terreno primordiale di tutto l'essere", che è eterno, senza forma e immutabile. Di conseguenza, il Tao è l'ordine del mondo da cui scaturisce la creazione di tutte le cose e di tutti gli esseri e con cui bisogna vivere in armonia per condurre una buona vita. Il Tao Te-King contiene quindi consigli per vari settori della vita, dalla salute alla politica allo stile di vita. Tutte le azioni umane devono essere compiute nel rispetto del corso della natura e in armonia con la legge universale. Solo così si può sperimentare la virtù, la forza, la bontà e l'ordine, che a loro volta si ottengono automaticamente attraverso il Tao, se si vive secondo esso.

I principi più importanti sono il qi, l'energia vitale, e i suoi due poli yin e yang. Yin e yang sono equiparati a qualità opposte, ad esempio yang significa energia, calore o giorno, mentre yin significa calma, freddo e notte. Nessuno dei due è mai considerato negativo. Qui, come in Eraclito, l'opposizione è vista come una necessità dell'essere, ma a differenza di lui, non è equiparata al conflitto, bensì alla complementarietà.

Il Tao afferma anche che una cosa esiste o diventa riconoscibile solo attraverso il suo opposto, quindi lo

Yin e lo Yang, che si suppone siano presenti negli esseri umani così come nella natura e in ogni essere, devono essere equilibrati. Se c'è uno squilibrio, l'intera struttura si confonde, il che si manifesta negli esseri umani con malattie fisiche o mentali e nella società, ad esempio, con ingiustizie o conflitti politici.

**Saggezza da portare via**

"Solo chi ama è coraggioso, solo chi è frugale è generoso, solo chi è umile è in grado di governare".

"Anche la marcia più lunga inizia con un primo passo".

"Ricco è colui che sa di avere abbastanza".

"Imparare è come remare contro corrente. Se ci si ferma, si va alla deriva".

"Consideri il mondo come il suo Sé, abbia fede nella natura delle cose, ami il mondo come il suo Sé; allora potrà prendersi cura di tutte le cose".

"Se non vuole discutere, nessuno può discutere con lei".

"Sapere di non sapere nulla è il massimo".

## CONFUCIANESIMO

Il Confucianesimo risale al maestro Kung Fu-tse (anche Kong Fuzi o altre grafie) del V secolo a.C., che lavorò come pastore e contabile, tra le altre cose, prima di fondare una scuola dove insegnò aritmetica, scrittura, musica, tiro con l'arco, auriga e riti.

Non faceva distinzioni tra i suoi studenti in base allo status sociale, ma trasmetteva queste arti a tutti coloro che riteneva degni, anche se in parte erano riservate alla nobiltà. Tuttavia, non si limitò a insegnare loro queste attività, ma li formò anche come esseri umani, e questo era il vero obiettivo e la sfida del suo insegnamento. Infatti, solo se gli studenti perfezionavano le cinque virtù - umanità, moralità, rettitudine, saggezza e affidabilità - potevano diventare veramente 'nobili'. Confucio stesso si sforzò per tutta la vita di diventare perfetto in questo senso e aveva standard molto elevati per se stesso.

A differenza del Taoismo, gli insegnamenti di Confucio sono mondani e pragmatici; non esiste un destino soprannaturale, ma l'ordine naturale deriva dalla responsabilità dell'uomo verso se stesso, gli altri e l'ambiente. Il comportamento moralmente corretto, la non violenza e il benessere del popolo erano tra le principali preoccupazioni di Confucio, il cui pensiero è in parte simile a quello di Socrate. Inoltre, creò una nuova immagine dell'uomo, poiché riconobbe che le azioni dell'uomo influenzano la società e la natura. Per poter esercitare questa responsabilità per il bene, lo sviluppo delle virtù era la base fondamentale.

# IL BUDDISMO

Sebbene il Buddismo sia annoverato tra le religioni mondiali, c'è una differenza cruciale rispetto alle altre religioni: Mentre queste ultime specificano una fede e un dio (o più dei) che i credenti devono adorare, il Buddismo non stabilisce alcuna linea guida.

Ognuno è libero di credere o meno a ciò che vuole - questa era l'idea di Buddha, il cui vero nome era Siddharta Gautama, quando sviluppò il Dharma (tradotto "l'insegnamento"), ossia la filosofia buddista, intorno al 500 a.C.. Il figlio di una famiglia nobile, proveniente dal Nepal, disse persino che bisognava esaminare i suoi insegnamenti, come ogni altra cosa, sulla base delle proprie esperienze e giudicare se si voleva credere che fossero giusti o sbagliati. Il Buddismo è diventato una religione in cui Buddha stesso è venerato come un dio in gran parte dell'Asia solo dopo la morte di Buddha (proprio come Confucio fu dichiarato un dio dopo la sua morte).

Uno dei principi più alti del Buddismo è quello di giudicare in base alla propria saggezza e di credere solo a ciò che si sa essere giusto, oltre a vivere e agire in conformità con l'etica. Per raggiungere questa saggezza e questa virtù, la meditazione è considerata la via più efficace, perché attraverso di essa si può stabilire l'unità di corpo, mente e anima e quindi essere guidati sulla retta via dal proprio io interiore.

L'obiettivo è la ricerca della felicità, sia per se stessi che per tutti gli altri esseri viventi. Ciò che si intende qui, come per i filosofi dell'antichità greca, non è la felicità materiale o emotiva transitoria, ma come nello Stoicismo e nel Taoismo, la felicità è vista come lo stato in cui si è interiormente equilibrati, in armonia con se stessi e soddisfatti della propria vita, indipendentemente dai beni o dai piaceri che si hanno.

"Se ha un problema, cerchi di risolverlo. Se non può risolverlo, non ne faccia un problema".

"Non esiste una strada per la felicità. La felicità è la strada".

"Non si soffermi sul passato, non sogni il futuro. Si concentri sul momento presente".

"Mai nel mondo l'odio cessa attraverso l'odio. L'odio cessa attraverso l'amore".

"Siamo ciò che pensiamo. Tutto ciò che siamo nasce dai nostri pensieri. Con i nostri pensieri diamo forma al mondo".

"La via non è in cielo. La via si trova nel cuore".

"Non credete alle Scritture, non credete agli insegnanti, non credete nemmeno a me. Credete solo a ciò che voi stessi avete esaminato attentamente e riconosciuto come utile a voi stessi e al vostro bene".

"Non bisogna cercare la pace fuori di sé, ma solo dentro di sé. Chi ha trovato la quiete interiore non si aggrappa a nulla, né scarta nulla".

"Tutte le persone sono una sola. Ciò che li distingue è il nome che gli si dà".

# L'Età dei Lumi

Sebbene la società europea del XVII e XVIII secolo non fosse più dominata dalla Chiesa, per cui la vita e quindi la filosofia erano molto più libere rispetto al Medioevo, i re e gli imperatori governavano su popoli che non avevano alcuna voce in capitolo, né tantomeno garanzie di libertà o diritti fondamentali. In questo periodo, il desiderio di libertà e democrazia si sviluppò in diversi Stati europei.

I cosiddetti filosofi dello Stato dell'Illuminismo misero in discussione il diritto all'esistenza di un dominio assolu tis tico, svilupparono pensieri su una riorganizzazione politica e, soprattutto, illuminarono i cittadini sul fatto che hanno una propria mente, che dovrebbero usare per ordinare lo Stato e la società nel modo più adatto alle loro idee.

Da questa filosofia, si svilupparono aspirazioni rivoluzionarie tra i cittadini, che nel 1789 portarono alla fine della monarchia e all'introduzione di un catalogo di diritti umani e civili in Francia, mentre l'assolutismo illuminato fu stabilito in Austria, Prussia e Russia, e una monarchia costituzionale in Inghilterra.

Ciò che i movimenti in tutti i Paesi avevano in comune era che vedevano il governo dei governanti come un potere trasferito per contratto dal popolo, cercavano la partecipazione popolare al potere e volevano dividere il potere statale tra diversi organi, in modo che non potesse essere abusato. All'interno di quest'epoca, c'erano principalmente tre approcci diversi: razionalismo, empirismo e una sintesi di entrambi.

# RAZIONALISMO

René Descartes è considerato il fondatore del razionalismo, che ha rivoluzionato il pensiero del suo tempo
affermando che si può e si deve dubitare di tutto. Solo
in questo modo si può essere cittadini ed esseri umani
responsabili e impedire ai regimi autoritari di avere un
potere illimitato. Secondo Cartesio, c'è solo una cosa di
cui non si può dubitare, ovvero la propria esistenza,
che è stabilita dalla capacità di riflettere.

Si può vedere un riferimento agli antichi Greci,
che consideravano la mente o il logos come il mezzo
più importante e allo stesso tempo l'obiettivo.

Nonostante, o forse proprio a causa dei suoi dubbi
su tutto, Cartesio fu anche un ricercatore scientifico,
ad esempio in astronomia, meteorologia, fisica e matematica. Nella sua filosofia, mise in discussione tutto ciò
che esisteva nel mondo, affermando che nulla poteva
essere provato con certezza, quindi tutto era probabilmente solo un'immaginazione - non solo Dio o
altre cose intangibili, ma anche cose materiali come la
casa in cui si vive e la sedia su cui si è seduti. Di conseguenza, dovette dubitare anche della propria esistenza,
ma poi giunse alla conclusione che doveva esistere
perché pensa, e che il pensiero è quindi l'unica verità.

La sua affermazione "Cogito ergo sum" - "Penso,
dunque sono" è famosa e conosciuta in tutto il mondo.

Ne consegue che il pensiero indipendente e razionale è la chiave della vita, e anche se Cartesio fu inizialmente disprezzato e ridicolizzato per le sue opinioni nella prima metà del XVII secolo, questa sua conclusione è la base per lo sviluppo di un modo di pensare più ampio e illuminato.

**Saggezza da portare via**

"Tutto ciò che è solo probabile è probabilmente falso".

"Perché non basta avere una buona testa; la cosa principale è usarla correttamente".

"L'intera filosofia è paragonabile a un albero la cui radice è la metafisica, il cui tronco è la fisica e i cui rami sono tutte le altre scienze".

"Se si è troppo desiderosi di vivere nel passato, di solito si rimane molto ignoranti del presente".

"Chi cammina molto lentamente, ma segue sempre la strada giusta, può arrivare molto più lontano di chi corre e si smarrisce".

"Il dubbio è l'inizio della saggezza".

## EMPIRISMO

Anche per gli empiristi la comprensione era importante, ma la definivano in modo diverso. L'intelletto aveva dei limiti che risiedevano in ciò che era possibile conoscere, ossia ciò che poteva essere ricercato e dimostrato empiricamente. Secondo loro, ciò che va oltre non dovrebbe essere oggetto di lavoro filosofico, perché non sarebbe utile, non essendo tangibile. Pertanto, ritenevano che la ricerca scientifica dovesse essere al centro del lavoro filosofico, in modo simile a quanto aveva fatto Aristotele in precedenza. Tra gli empiristi c'erano John Locke e David Hume, che è considerato il padre dell'Illuminismo.

John Locke non fu solo un filosofo, ma anche un medico e a volte un politico. Quest'ultimo gli diede una visione degli eventi politici del suo tempo e influenzò la sua filosofia. Nei suoi scritti, che hanno influenzato le costituzioni di quasi tutti gli Stati liberali, sosteneva che il potere dello Stato deve essere condiviso e che il governo deve provvedere al benessere dei cittadini in tutte le questioni, compresa la loro libertà. Secondo Locke, ci sono alcuni diritti naturali e leggi che tutti devono rispettare.

Questi includono, ad esempio, il diritto alla libertà, il diritto alla vita e il diritto alla salute, che oggi sono costituzionalmente garantiti, ma non lo erano all'epoca dell'assolutismo. Secondo lui, l'obiettivo più alto di una società è il raggiungimento dello stato di natura, che esiste quando tutte le ingiustizie sono state abolite e prevalgono la perfetta libertà e l'uguaglianza di tutte le persone.

Tuttavia, era anche dell'opinione che le persone non avrebbero accettato e attuato queste leggi naturali da sole, o non abbastanza rapidamente, e per questo motivo riteneva che lo Stato fosse necessario per garantire che queste leggi fossero osservate e che non ci fossero conflitti. Il potere del popolo dovrebbe essere garantito da uno Stato legittimato dai cittadini in un contratto sociale, che assomiglia a una costituzione in senso moderno. Al fine di stabilire uno Stato di questo tipo, dovrebbero esserci delle riforme anziché delle rivoluzioni, in quanto queste ultime sono più facili da attuare senza violenza.

In Francia, Jean-Jacques Rousseau assunse una visione ancora più radicale. Fece riferimento al contratto sociale proposto da Locke, ma sottolineò ancora di più rispetto a quest'ultimo che questo contratto veniva stipulato dalla libera volontà dei cittadini e che il sistema politico si reggeva e cadeva solo grazie ai cittadini. Tuttavia, non era la volontà dell'individuo, ma quella della comunità ad essere decisiva; questa era al di sopra sia dello Stato assolutista che degli interessi soggettivi individuali. Pertanto, secondo lui, era la decisione volontaria del cittadino sensibile di sottomettersi allo Stato per il bene di tutti, ma senza perdere la propria libertà personale. Con questa idea di bene comune, fu decisamente colui sul cui pensiero si basò la

Rivoluzione francese e influenzò i successivi filosofi dello Stato e della legge, come Kant, Marx e Hegel.

John Locke sviluppò anche un'epistemologia che afferma che la mente si forma solo nel corso della vita con l'esperienza e non è data dalla nascita. In questo senso, era completamente un empirista, perché secondo lui la conoscenza, cioè la formazione della mente, doveva basarsi esclusivamente sull'esperienza empirica. Uno sviluppo della mente al di là dell'esperienza era possibile, ma solo combinando ciò che la mente conservava dall'esperienza; in altre parole, questo significa che l'esperienza empirica è la prima pietra del pensiero.

Anche David Hume sosteneva questa visione e la sviluppò ulteriormente. L'origine di tutta la conoscenza erano le impressioni sensoriali, e tutto ciò che andava oltre e non poteva essere chiaramente dimostrato doveva essere rifiutato. Secondo lui, non esiste una personalità fissa, ma l'uomo viene al mondo come una tabula rasa e forma l'idea di sé solo attraverso le esperienze che raccoglie.

Di conseguenza, un cambiamento nell'ego può verificarsi con ogni esperienza. Inoltre, riteneva che l'uomo sviluppasse i suoi pensieri e le sue azioni a partire da eventi ripetuti, vale a dire che si sviluppano delle abitudini attraverso le quali l'uomo acquisisce la certezza della causa e dell'effetto. Tuttavia, ha chiarito che c'è certezza solo su ciò che è stato percepito, cioè su ciò che è già accaduto, mentre le conclusioni sul futuro sono mere speculazioni e non possono essere provate, cioè non sono verità. Con questi pensieri, non solo mise in discussione l'onnipotenza di Dio e dei governanti, ma sollevò anche questioni interessanti per la psicologia dei secoli successivi - dopo tutto, postulò che ciò che è stato non deve necessariamente continuare o ripetersi, e quindi non è necessario che i sistemi autoritari rimangano in vigore, né che le esperienze negative portino a preoccuparsi del futuro.

**Saggezza da portare via**

"La felicità e l'infelicità sono due stati di cui non conosciamo i limiti estremi". (Locke)

"Ciò che il nostro pensiero può concepire è appena un punto, quasi nulla in proporzione a ciò che non può concepire". (Locke)

"Ogni passo avanti che la mente compie nel suo cammino verso la conoscenza porta qualche scoperta che non solo è nuova, ma, almeno per il momento, è la più preziosa". (Locke)

"Avremmo molti meno conflitti nel mondo se le parole venissero prese per quello che sono: solo i segni delle nostre idee e non le cose stesse". (Locke)

"Felice è colui le cui circostanze si adattano al suo temperamento; ma ancora più elevato è colui che è in grado di adattare il suo temperamento a tutte le circostanze della vita". (Hume)

"Niente è più libero del pensiero dell'uomo". (Hume)

"La bellezza delle cose vive nell'anima di chi le contempla". (Hume)

"Ogni effetto è un evento distinto dalla sua causa". (Hume)

"La libertà dell'uomo non consiste nel poter fare ciò che vuole, ma nel non dover fare ciò che non vuole". (Rousseau)

"Il denaro che si possiede è il mezzo della libertà; quello che si persegue è il mezzo della servitù". (Rousseau)

"Il carattere non si rivela dalle grandi azioni; è dalle inezie che si rivela la natura dell'uomo". (Rousseau)

## LA SINTESI

Il più grande filosofo tedesco, Immanuel Kant, cercò di combinare razionalismo ed empirismo. Scoprì che entrambi avevano sopravvalutato i rispettivi mezzi: i razionalisti pensavano di poter scoprire con l'intelletto più di quanto fosse naturalmente possibile, mentre gli empiristi erano dell'opinione che tutto ciò che è importante per l'uomo e per il mondo può essere stabilito con prove scientifiche.

Secondo Kant, la percezione e la ricerca umana finiscono dove lo spazio, il tempo e la causalità hanno posto i loro limiti, e quindi alcune cose, come la libertà o Dio, non possono essere dimostrate scientificamente. Con l'intelletto, l'uomo può solo cogliere ciò che può essere sperimentato, ma al di là di questo c'è una "ragione pratica", che consiste nel dedurre logicamente, sulla base della conoscenza, come potrebbe essere ciò che non può essere ricercato. Tuttavia, questo non può essere presentato come verità, come facevano i razionalisti e gli antichi greci.

Nella sua opera più importante, "Critica della ragion pura", pose le quattro domande autorevoli della filosofia: Cosa posso sapere? Cosa devo fare? Cosa posso sperare? Che cos'è l'uomo? Con queste domande e le relative risposte, sviluppò ulteriormente le teorie filosofiche dei suoi predecessori. La metafisica, la morale, la religione e la scienza dell'uomo, cioè i temi già esplorati dagli antichi greci, furono i leitmotiv della sua filosofia. Così facendo, giunse alla consapevolezza fondamentale che la mente era la base decisiva di tutto.

Tuttavia, egli intendeva una mente razionale che analizza razionalmente ciò che è vero e non vero, giusto e sbagliato o possibile e impossibile. Per lui, la mente non era la base dell'esistenza fisica e mentale, come per Cartesio, ma era la base della partecipazione matura nella società e della responsabilità per la propria vita, per i propri simili e per l'ambiente. Non presupponeva un ordine superiore, come facevano i filosofi dell'antichità greca, ma vedeva l'essere umano comprensivo dall'interno di se stesso, capace e obbligato a vivere in modo virtuoso ed etico e quindi a plasmare lo Stato e la società in modo tale che la giustizia, la libertà e la partecipazione politica prevalgano per tutti.

Nel senso di Platone, egli descrisse la conoscenza come un atto rischioso, che era una valutazione molto realistica in vista del potere statale ancora assolutista. Il suo appello ai cittadini fu quindi "Sapere aude" - "Abbi il coraggio di usare la tua mente". Questa frase fece il giro del mondo e ha un messaggio senza tempo, ossia che non bisogna risparmiare sforzi e rischi per mettere in discussione e, se necessario, cambiare l'esistente, al fine di creare un mondo positivo per il pubblico. Questo è sempre stato l'obiettivo della filosofia, sia in Europa che in Asia, ma Kant ha scritto la sintesi meglio spiegata e più praticabile di tutte le idee fino a quel momento.

**Saggezza da portare via**

"L'uomo senza scopo subisce il suo destino, l'uomo risoluto lo modella".

"La pace è il capolavoro della ragione".

"Senza rispetto non c'è vero amore".

"Se alcuni vogliono godere senza lavorare, altri dovranno lavorare senza godere".

"Si è ricchi non per ciò che si possiede, ma per ciò di cui si sa fare a meno con dignità. E potrebbe essere che l'umanità diventi più ricca diventando più povera, che guadagni perdendo".

"Può darsi che non tutto ciò che un uomo pensa sia vero, perché può sbagliare, ma in tutto ciò che dice deve essere vero".

# Il cammino verso la modernità

Il Secolo dei Lumi innescò lo sviluppo della filosofia a tal punto che seguirono immediatamente varie nuove correnti, che rappresentavano approcci e punti di vista diversi; tra i suoi rappresentanti, alcuni si dedicavano principalmente allo Stato e all'ordine sociale, altri principalmente all'uomo e al suo essere interiore.

# IDEALISMO

In Germania, in particolare, le massime di Kant diedero origine all'idealismo, i cui filosofi, tra cui Johann Gottlieb Fichte, Friedrich W. J. Schelling e G. W. Friedrich Hegel, erano dell'opinione che la realtà è creata dal pensiero. Il mondo in cui si viveva cambiava a seconda di come lo si pensava, con gli ideali che costituivano la base della conoscenza e della moralità.

Hegel, in particolare, è passato alla storia con la sua teoria. Egli concluse che all'interno di una persona e di uno Stato, la mente si sviluppa in modo tale da far emergere una concezione assoluta di ciò che è reale e ragionevole. Tuttavia, il mondo è in un costante stato di flusso, un processo di cambiamento in cui gli sviluppi si costruiscono logicamente l'uno sull'altro.

Ogni evento storico è quindi la conseguenza necessaria e naturale della situazione precedente. In questo modo, il mondo viene modellato in un "processo dialettico di cambiamento", attraverso il quale lo sviluppo nel suo complesso continua a progredire. Qualcosa di cattivo può quindi diventare qualcosa di buono e qualcosa di buono può diventare qualcosa di ancora migliore. Hegel mise in relazione questa teoria, tra l'altro, con l'esempio di Dio, che, o meglio, la cui concezione, a suo avviso, non esisteva fin dall'inizio nella forma che aveva in quel momento, ma si sviluppò nel corso del tempo attraverso il pensiero delle persone. Secondo la sua teoria, le realtà comuni come la fede, lo Stato o l'ordine sociale si formano grazie al pensiero di tutte le persone coinvolte, mentre ogni persona crea anche la realtà della sua esistenza per se stessa attraverso il suo pensiero.

Il punto di vista di Hegel polarizzò fortemente il mondo della filosofia - mentre Karl Marx e Friedrich Engels svilupparono i loro pensieri sulla lotta di classe e su un ordine sociale socialista a partire dalle sue idee, si formarono due correnti in particolare con il materialismo e il positivismo da un lato e la filosofia della vita e dell'esistenza dall'altro, che si opponevano alla filosofia di Hegel, ma anche si contraddicevano a vicenda.

---

**Saggezza da portare via**

"Riconosciamo il mondo dei sensi, viviamo nel mondo soprasensibile". (Fichte)

"L'uomo può fare ciò che deve; e se dice: non posso, non lo farà". (Fichte)

"La menzogna è sempre un suicidio dello spirito". (Fichte)

"Il mondo esterno è aperto davanti a noi per trovare in esso la storia del nostro spirito". (Schelling)

"La vera grandezza consiste nella condiscendenza, nella capacità di scendere ai punti più bassi senza perdonare la sua maestà". (Schelling)

"La verità di un'intenzione è l'atto". (Hegel)

"Chi vuole qualcosa di grande deve sapersi limitare; chi vuole tutto, invece, non vuole nulla e non ottiene nulla". (Hegel)

"L'azione appartiene essenzialmente al carattere, e un uomo di carattere è un uomo onesto che, in quanto tale, ha determinati obiettivi in vista e li persegue con fermezza". (Hegel)

## IL MARXISMO

Karl Marx portò la filosofia a una nuova realtà, perché credeva che il punto non fosse semplicemente pensare al mondo, ma cambiarlo. Il contenuto principale del suo lavoro filosofico era la situazione sociale delle persone del suo tempo. Vide che la maggior parte delle persone lavorava duramente senza ricevere abbastanza denaro, mentre alcune altre vivevano in grande prosperità senza fare nulla per questo.

Il suo obiettivo era quello di aprire gli occhi delle persone sull'ingiustizia sociale e sviluppò una visione di una società senza distinzioni di classe e senza sfruttamento. Predisse che la situazione ingiusta che esisteva all'epoca avrebbe portato alla rivoluzione del proletariato (la classe operaia) e che sarebbe stato istituito uno Stato comunista. Insieme al suo amico Friedrich Engels, che in realtà era figlio di un proprietario di fabbrica ma si schierava dalla parte degli operai, elaborò l'idea del comunismo in un concetto politico.

In questa forma di Stato, tutti dovrebbero possedere la stessa quantità, tutti dovrebbero avere gli stessi diritti e tutti i beni dovrebbero essere di proprietà comune. Il suo 'Manifesto Comunista', pubblicato nel 1848, divenne il punto di partenza per diverse rivoluzioni dopo la sua morte e portò all'istituzione di uno Stato comunista in Russia nel 1917.

## MATERIALISMO E POSITIVISMO

Questa corrente, lanciata a metà del XIX secolo da Auguste Comte e Ludwig Feuerbach, rifiutava l'approccio di Hegel in quanto troppo speculativo. La loro opinione assomigliava all'empirismo, perché anche loro erano dell'idea che la metafisica non dovesse svolgere alcun ruolo nella filosofia, ma che tutto il pensiero dovesse riferirsi a ciò che esiste materialmente, poiché solo la sua verità poteva essere accertata positivamente.

Tuttavia, il termine "materiale" non è usato solo per riferirsi alle cose fisiche, ma secondo loro tutto è costituito da materia, compresi i pensieri, i sentimenti e la coscienza, perché le loro correnti possono essere misurate fisicamente. Tutto ciò che non è misurabile e quindi non ha materia, non può esistere. Per questo motivo, i materialisti negavano l'esistenza di Dio. Per Feuerbach, Dio è stato sostituito dalla politica, che ha dato all'uomo la possibilità di creare la vita nella realtà che aveva precedentemente sognato credendo in Dio.

> **Saggezza da portare via**
>
> "La scienza porta alla previsione; la previsione porta all'azione". (Comte)
>
> "Vivere una vita aperta a tutti". (Comte)
>
> "All'uomo perfetto appartiene il potere del pensiero, il potere della volontà, il potere del cuore". (Feuerbach)
>
> "Stiamo con i libri come stiamo con le persone. Facciamo molti conoscenti, ma solo alcuni li scegliamo come amici". (Feuerbach)

# FILOSOFIA DELLA VITA E DELL'E-SISTENZA

Più o meno nello stesso periodo, la filosofia della vita si sviluppò intorno a Friedrich Nietzsche e Henri Bergson, tra gli altri, così come la filosofia dell'esistenza intorno al suo fondatore Søren Kierkegaard.

L'affermazione principale della filosofia della vita era che in precedenza la filosofia non era stata in grado di relazionarsi realmente con la vita, perché era rimasta troppo bloccata nelle generalizzazioni, nelle concettualizzazioni ristrette e nei sistemi di pensiero astratti. Questi non potevano, per lungo tempo, prendere in considerazione l'ampiezza dell'esistenza umana e, in particolare, i sentimenti, e in questo senso non potevano essere un vero aiuto per un ulteriore sviluppo e comprensione dei processi umani e sociali. Pertanto, secondo lei, la filosofia dovrebbe essere esercitata attraverso l'intuizione e il linguaggio poetico.

I filosofi esistenziali si occupavano dell'esistenza umana e cercavano di capire come si sviluppa e qual è il suo significato. Kierkegaard, che non era solo un filosofo ma anche un teologo e uno psicologo, introdusse nella filosofia un aspetto che non era mai stato considerato prima, ossia la paura.

Questa realizzazione fu probabilmente la conclusione della sua formazione psicologica e teologica, oltre che della sua malinconia ereditata dal padre. Distinse l'ansia dalla paura, poiché la paura, a suo avviso, era legata a una cosa specifica, mentre la paura si verificava senza una causa esterna, e chiarì che l'ansia era qualcosa di completamente naturale che si verificava in ogni essere umano. La paura in sé non è né negativa né positiva, ma può portare al "peccato", come lo chiamava lui, facendo riferimento a un contesto biblico, così come a possibilità positive. La paura mette le persone di fronte a una decisione ed è quindi l'epitome della libertà. Secondo Kierkegaard, non può esserci libertà senza paura. Quando si ha paura, alla fine ci si trova di fronte alla scelta di come comportarsi al meglio: O si cede alla paura e ci si ritira senza agire, o ci si lascia sedurre e si corre un rischio, oppure si valuta razionalmente come sfruttare al meglio la situazione.

Quindi, la paura può essere vista come il motore dello sviluppo umano - l'aspetto di questo sviluppo dipende poi da ogni persona. Anche la soggettività del pensare, del sentire e del decidere è un'osservazione centrale di Kierkegaard. Ogni persona vede se stessa e il mondo in modo diverso e agisce in modo diverso su questa base. Cambiare la percezione soggettiva è quindi un prerequisito per utilizzare la paura come opportunità. Con queste osservazioni, Kierkegaard ha fornito una base importante per la psicoanalisi e la terapia comportamentale.

Tra i filosofi esistenziali c'era Martin Heidegger, che nella sua opera del 1927 "Essere e tempo" affrontò la questione dell'esistenza dell'essere. Ne vide la conferma nel fatto che l'uomo esiste spazialmente, sia nel luogo reale che nel mondo, e che un'esistenza temporale deriva da questa esistenza spaziale. Il filosofo di oggi Peter Trawny spiega che questo significa che l'esistenza umana implica l'apertura al mondo e, viceversa, che l'uomo ha bisogno dell'apertura del mondo per la sua esistenza.

Anche gli scrittori Jean-Paul Sartre e Albert Camus fanno parte dei filosofi dell'esistenza. Sartre (1905-1980) sosteneva che l'uomo è l'unico essere consapevole della sua esistenza e per questo motivo è condannato alla libertà, per cui è lui stesso responsabile dei suoi pensieri e delle sue azioni.

In questa maledizione, tuttavia, vide anche una grande opportunità, ossia quella di vivere come si vuole e di creare il mondo secondo le proprie idee. In base a ciò, non si deve semplicemente accettare nulla e si può cambiare sia il proprio comportamento che la società. Albert Camus sviluppò la "Filosofia dell'Assurdo" nel 1942. Sebbene non volesse essere considerato parte dell'esistenzialismo, lo divenne a causa della sua opinione che il mondo fosse fondamentalmente assurdo e insensato, tanto che non avrebbe mai potuto essere comprensibile per l'uomo. L'uomo poteva accettare la sensazione di assurdità ed essere spiritualmente al di sopra di essa, in modo da mantenere la propria dignità; in seguito, tuttavia, suggerì che le persone dovessero ribellarsi all'assurdo per preservare la propria dignità. In tutto questo, era particolarmente interessato alla questione di come l'uomo possa agire correttamente quando è da solo, cioè non riceve aiuto da Dio.

---

**Saggezza da portare via**

"Il confronto è la fine della felicità e l'inizio del malcontento". (Kierkegaard)

"Il mondo, per quanto imperfetto, è comunque bello e ricco. Perché non consiste in nient'altro che in opportunità d'amore". (Kierkegaard)

"La fede consiste nell'aggrapparsi all'incerto con una convinzione appassionata". (Kierkegaard)

"Ci vuole coraggio per volersi mostrare come si è veramente". (Kierkegaard)

"La cosa più allarmante nel nostro tempo allarmante è che non pensiamo ancora". (Heidegger)

"Il linguaggio è la casa dell'essere". (Heidegger)

"Ridi alla vita! Forse essa riderà a sua volta". (Sartre)

"Ci sono molte persone al mondo che sono all'inferno perché dipendono troppo dal giudizio degli altri". (Sartre)

"L'uomo non è altro che ciò che fa di se stesso". (Sartre)

## LE DONNE NELLA FILOSOFIA

Negli ultimi decenni, lo sviluppo della filosofia non si è fermato, ma non ha nemmeno prodotto intuizioni rivoluzionarie (da una prospettiva attuale) - con un'eccezione: recentemente, al genere femminile non è più stata negata la capacità di filosofare.

Per quanto i filosofi dei millenni passati fossero impegnati a esplorare il senso e il non senso, l'essere e il non essere, la giustizia e l'ingiustizia, la saggezza e l'ignoranza, la maggior parte di loro non riusciva a uscire dal pensiero radicato del loro tempo riguardo ai ruoli di genere. Le donne non erano in grado di essere filosofe, sostenevano anche coloro che non erano esplicitamente misogini. Poche eccezioni furono, ad esempio, Pitagora, che insegnava sia agli uomini che alle donne, e John Stuart Mill, che fu il primo parlamentare europeo a chiedere che uomini e donne avessero pari diritti.

Questo non significa che non ci siano state donne filosofe, ma che non sono state ascoltate e probabilmente la maggior parte di loro rimane sconosciuta fino ad oggi. Lo sviluppo generale della storia recente, in cui l'uguaglianza è costituzionalmente garantita e i movimenti femministi hanno portato una rivoluzione nel pensiero (di molti, ma non di tutti), ha come logica conseguenza l'accettazione delle donne anche nella filosofia.

Tuttavia, così come non esiste una parità di reddito o una distribuzione equilibrata di entrambi i sessi in tutti i gruppi professionali, il processo di sviluppo della filosofia è stato avviato, ma è ancora molto lontano dal raggiungere il suo obiettivo. Per rendere giustizia alle donne in filosofia, vorrei concludere presentando alcune delle poche filosofe famose:

**Ipazia di Alessandria** fu l'unica famosa filosofa, matematica e astronoma dell'antica Grecia. Fu celebrata come pensatrice e scienziata arguta e fu l'unica donna a insegnare pubblicamente le sue dottrine. Tra le altre cose, stabilì già allora che la Terra orbita intorno al Sole. Tuttavia, le sue conoscenze furono dimenticate per quasi due millenni dopo il suo crudele assassinio.

**Émilie du Châtelet** era una matematica e filosofa del primo Illuminismo. Riteneva che tutti potessero fare qualcosa per la propria felicità, indipendentemente dalla classe sociale di appartenenza. Vedeva la ricerca dell'istruzione come un aspetto centrale della felicità. Criticava anche il ruolo delle donne all'epoca e sottolineava che le donne dovevano avere gli stessi diritti degli uomini.

**Hannah Arendt** studiò filosofia con Martin Heidegger e altri. Quando i nazionalsocialisti presero il potere in Germania nel 1933, la giovane filosofa ebrea fuggì negli Stati Uniti. Nei suoi scritti, ha affrontato in particolare i diritti umani dei rifugiati politici, la violenza politica e le sue origini, l'incomprensibilità del male e il significato del lavoro.

**Simone de Beauvoir** era la compagna di Jean-Paul Sartre, che aveva conosciuto durante i suoi studi. Originariamente individualista, dopo essere stata prigioniera di guerra in Germania, sviluppò pensieri esistenzialisti e anche l'ambizione di utilizzare la sua filosofia per scopi solidali, sociali e politici. A differenza di Sartre, nell'esistenzialismo pensava anche alla moralità. Tuttavia, non si vedeva principalmente come filosofa, ma come scrittrice.

**Saggezza da portare via**

"Un sentimento è un impegno che trascende il momento". (de Beauvoir)

"Non si nasce donna, si diventa donna". (de Beauvoir)

"Un mondo che deve avere spazio per il pubblico non può essere costruito per una sola generazione o pianificato solo per i vivi; deve trascendere la durata della vita degli uomini mortali". (Arendt)

"La triste verità è che la maggior parte del male viene compiuto da persone che non hanno deciso tra il male e il bene". (Arendt)

"Per essere felici, bisogna aver messo da parte i propri pregiudizi e conservare le proprie illusioni". (du Châtelet)

"Scegliamo da soli il nostro cammino nella vita e cerchiamo di cospargerlo di fiori". (du Châtelet)

"Capire le cose che sono proprio fuori dalla nostra porta è la migliore preparazione per capire le cose che sono dietro di essa". (Ipazia)

"Difenda il suo diritto di pensare. Pensare e sbagliare è meglio che non pensare". (Ipazia)

# Esercizi filosofici e consigli per la vita quotidiana

Ecco ora i suggerimenti e gli esercizi promessi all'inizio, con i quali potrà integrare il pensiero e l'azione filosofica nella sua vita quotidiana. Queste sono solo alcune idee che possono allo stesso tempo ispirarla a sviluppare le sue idee per esercizi filosofici - completamente nello spirito della filosofia, in cui nulla è definitivo.

# SCRIVERE I PENSIERI

Se i filosofi antichi e più recenti non avessero registrato per iscritto ciò che sviluppavano nella loro mente, oggi nessuno saprebbe nulla della loro filosofia. Alcuni, come Kierkegaard, tenevano addirittura dei diari.

Questo ha senso, perché tutti i pensieri si svolgono nella testa, ma avvengono così rapidamente e spesso sono sovrapposti ad altri pensieri che molto va perso o disorganizzato se si cerca di catturarlo solo nella testa. Scrivere i suoi pensieri può aiutarla a organizzarli, a dare loro una struttura e a riconoscere i collegamenti, in modo da poterli sviluppare meglio. Inoltre, non solo riconosce i suoi processi interiori, in modo da capire meglio se stesso, ma ha anche già una raccolta scritta, nel caso in cui le venisse l'idea di condividere i suoi pensieri con il mondo.

Poiché il pensiero di solito non va e viene a comando, ma spesso i pensieri balenano improvvisamente e inaspettatamente nella sua mente, le consiglio di portare sempre con sé un piccolo taccuino e una penna. Anche se la scrittura a mano è diventata "out" al giorno d'oggi, è più in linea con lo spirito tradizionale della filosofia e gli appunti vengono conservati anche se la tecnologia si guasta.

Non è necessario tenere un diario costante, perché per alcuni giorni potrebbe non venirle in mente nulla che valga la pena di scrivere in modo filosofico, e di solito la gioia di qualcosa viene rovinata dalla costrizione. Quindi porti con sé il suo taccuino e scriva ogni volta che le vengono in mente i pensieri.

## DISCUTERE

Un altro metodo che risale alle origini della filosofia è la discussione. Se i filosofi di opinioni uguali e diverse non avessero parlato tra loro dei loro pensieri, ognuno avrebbe sviluppato le proprie teorie solo per se stesso (cosa che in parte è avvenuta).

Attraverso lo scambio con gli altri, è possibile sviluppare i propri pensieri includendo aspetti a cui non si era pensato da soli. È anche possibile guardare le proprie teorie da una prospettiva diversa, perché si ascoltano le opinioni degli altri su di esse. È vero che si dice: "Molti cuochi rovinano il brodo", ma questo è vero solo in quei settori della vita in cui non si possono applicare contemporaneamente idee diverse, come ad esempio la cucina, il lavoro manuale o l'istruzione. Nella scienza, invece, e soprattutto nella filosofia, le idee e gli approcci diversi sono un arricchimento, in quanto possono progredire l'uno con l'altro e sviluppare una varietà di risultati.

Infine, ma non meno importante, è divertente discutere con gli amici delle questioni che la preoccupano.

Trovi quindi una o più persone nel suo ambiente che siano interessate alla filosofia e si sieda regolarmente in piccoli gruppi di discussione per scambiare i suoi pensieri.

## VIVERE CON COMPRENSIONE

"Abbiate il coraggio di usare la vostra mente" - questo vale non solo per la politica e la società, ma anche per la vostra vita. La maggior parte delle persone vive semplicemente la propria vita senza riflettere su se stessa. Questo è un motivo di disattenzione nei confronti della propria salute, del proprio stato mentale e del significato della vita.

Si pensa, si sente e si agisce, ma in modo incontrollato - o, piuttosto, in modo erroneamente controllato. Se non si pensa al proprio pensiero e alle proprie sensazioni, questo avviene in base a determinati schemi che vengono impressi inconsciamente nel corso della vita attraverso le esperienze. Questi schemi determinano poi ciò che pensa e sente in quali situazioni e qual è il suo stato d'animo generale. Allo stesso modo, la recitazione avviene in sequenze schematiche e inconsce. Lo fa in quel modo perché lo ha sempre fatto o perché anche gli altri lo fanno.

Questi vincoli interiori ed esteriori radicati la governano, proprio come i cittadini erano governati dai monarchi ai tempi dell'assolutismo. Non è consapevole del fatto che i suoi schemi radicati hanno in parte un effetto dannoso sulla sua vita o semplicemente non corrispondono a ciò che desidera realmente nel suo essere interiore, e quindi non li cambia, anche se ha la vaga sensazione di non essere soddisfatto di qualcosa nella sua vita. Pertanto, ogni volta che pensa, sente o fa qualcosa, si chieda: Perché sto pensando, sentendo, facendo questo? Lo voglio davvero? Cosa voglio invece? Come posso ottenerlo? Queste domande sono la base per una vita autodeterminata.

## CAMBIARE O ACCETTARE

Un importante pezzo di saggezza che risale allo Stoicismo è: deve accettare le cose che non può cambiare. Altrimenti si logorerà con i continui pensieri negativi, si dispererà e diventerà infelice. Invece di sprecare le sue energie con pensieri su eventi immutabili, dovrebbe utilizzarle per cose più significative.

Questo non significa che deve accettare tutto ciò che le accade e nel mondo senza contraddizioni. Il motto è: "Cambia ciò che non puoi accettare e accetta ciò che non puoi cambiare". Quindi, se è turbato o rattristato da una condizione della sua vita, del suo ambiente o del mondo, pensi se è in suo potere cambiarla. Se la risposta è "sì", pensi in modo costruttivo a ciò che può fare per apportare un cambiamento positivo. Se la risposta è "no", allora faccia amicizia con la situazione, perché se qualcosa non può essere cambiato, secondo gli antichi insegnamenti fa parte del corso universale delle cose, che ha un significato superiore che noi umani non sempre comprendiamo.

Invece di cadere in pensieri negativi e di pensare inutilmente a come cambiare l'immutabile, pensi invece a come vivere al meglio questo stato, in modo che non abbia svantaggi per lei. Ricordi sempre: lo svantaggio più grande sono i pensieri negativi stessi, perché la fanno sentire male e impotente. Pertanto, dovrebbe concentrare i suoi pensieri su aspetti positivi della situazione o su obiettivi positivi che possono essere raggiunti nonostante la situazione.

## CONSIDERI LE CONSEGUENZE DEL SUO COMPORTAMENTO

"Fai agli altri quello che vorresti fosse fatto a te", dice un vecchio proverbio citato da Kant. Per garantire una maggiore giustizia e un mondo sostenibile e migliore, e per essere in pace con se stesso, questa massima dovrebbe essere la sua compagna costante.

Ogni comportamento di una persona può potenzialmente causare danni ad altre persone o al mondo; bisogna esserne consapevoli. Tutto non può essere

considerato e alcuni sono inevitabili, ma si possono a-
dattare le proprie azioni in modo che causino il minor
danno possibile. Ad esempio, nelle nostre abitudini
quotidiane danneggiamo l'ambiente utilizzando l'acqua, l'elettricità, il riscaldamento, i prodotti di fabbrica
e guidando l'automobile, anche se non notiamo direttamente il nostro impatto.

Non si può evitare tutto, ma si può, ad esempio,
fare in modo di non sprecare le risorse, di acquistare
elettricità da fonti rinnovabili, di guidare un'auto eco-
nomica e il meno possibile, di non buttare via le cose
inutilmente e di acquistarne di nuove. È importante
pensare alle conseguenze che le proprie azioni potreb-
bero avere per le altre persone e per la natura, in modo
da vivere la vita con maggiore consapevolezza e ri-
durre così la probabilità di causare effettivamente un
danno. Non c'è certezza su questo, ma anche il comportamento responsabile in sé conta. In particolare, naturalmente, è importante non danneggiare intenzional-
mente nessuno o qualcosa, ad esempio non aggredire
fisicamente o verbalmente nessuno, non discriminare
o gettare rifiuti nel paesaggio.

# RICONOSCERE L'INGIUSTIZIA - MOSTRARE IMPEGNO

Anche se molti filosofi e altre persone prima del nostro tempo hanno cercato di rendere il mondo un posto giusto, è ben lungi dall'esserlo - non solo in senso globale, ma anche sulla soglia di casa nostra. Uno dei temi dei suoi pensieri filosofici dovrebbe quindi essere quello di riflettere su dove esiste l'ingiustizia ovunque, a partire dal suo ambiente immediato fino al mondo globale, come si manifesta e come potrebbe essere ridotta.

Le ingiustizie non sono solo le disuguaglianze sociali, le violazioni dei diritti umani o lo sfruttamento, ma anche, ad esempio, il bullismo tra colleghi o l'abbandono di animali lungo l'autostrada. Lei stesso può fermare pochissime condizioni ingiuste, ma può valutare come contribuire a un mondo più equo nell'ambito delle sue possibilità. Ad esempio, può aiutare con un progetto sociale nel suo quartiere, acquistare prodotti del commercio equo e solidale, donare denaro ad un'organizzazione per la protezione degli animali o assicurarsi che nessuno nella sua cerchia di conoscenti e colleghi venga escluso o insultato.

Dimostrando impegno per la giustizia, non solo migliora il mondo, ma anche la sua autostima, perché sta facendo qualcosa di significativo per gli altri.

# RIFLETTERE SU CIÒ CHE CONTA DAVVERO NELLA VITA

L'uomo passa molto tempo a rincorrere il denaro e le cose materiali e a competere per ottenere il riconoscimento dei suoi pari. Inoltre, spesso si blocca in pensieri negativi sul passato e si preoccupa del futuro. In questo modo, non si è quasi mai soddisfatti, perché ci si preoccupa soprattutto di ciò che provoca sentimenti negativi e di ciò che si suppone di dover raggiungere. Tra i pensieri noiosi sul passato e sul futuro, non c'è praticamente spazio per il momento che si sta vivendo, e mentre si corre dietro ai 'valori' esterni, si dimentica il proprio io interiore e i doni intangibili della vita.

Pertanto, dovrebbe entrare in se stesso e rendersi conto di ciò che è veramente importante per lei, indipendentemente dall'opinione che ha adottato attraverso le opinioni sociali generali. Gli antichi filosofi greci e cinesi lo sapevano già: la felicità non risiede nell'esterno, né nel materiale, né nel passato o nel futuro. Solo nella propria interiorità, nei valori immateriali costanti che sono indipendenti dai cambiamenti esterni e nel momento presente, si può trovare e sperimentare la felicità.

# RICONOSCERE E FERMARE LA DI-SONESTÀ

"Può darsi che non tutto ciò che un uomo pensa sia vero, perché può sbagliare, ma in tutto ciò che dice deve essere sincero", riconosceva Kant, e Fichte sapeva che la menzogna è un "suicidio dello spirito". La verità ha sempre giocato un ruolo importante nella filosofia, da un lato come obiettivo della scienza e della scoperta dell'essere, dall'altro come aspetto centrale della virtù.

Una vita virtuosa non comporta solo azioni giuste, moralmente corrette, ma anche sincerità e coraggio. Entrambe le cose si dimostrano quando si è onesti, sia con gli altri che con se stessi. Le bugie vengono utilizzate soprattutto per ottenere un vantaggio o evitare uno svantaggio, oppure si inganna se stessi perché non si è in grado di affrontare la verità.

Essere onesti significa essere coraggiosi, in quanto si ammette a se stessi e agli altri di aver fatto qualcosa di sbagliato o di non essere d'accordo. Deve fare i conti con le critiche, rimediare all'errore se necessario e avere la sensazione di ridursi un po' e di essere meno "bravo". In realtà, però, questo la rende migliore e più grande, perché mostra rispetto per gli altri, vince la paura di essere svantaggiato e affronta i fatti, il che può anche significare che deve lavorare su se stesso e fare uno sforzo in tal senso. Per esercitarsi, entri in se stesso e pensi alle situazioni in cui tende a mentire agli altri o a se stesso e cerchi di evitarlo in futuro.

# ISTRUZIONE E AMPLIAMENTO DEGLI ORIZZONTI

Ricorderà che filosofia significa "amore per l'intelligenza". La mente di un filosofo raramente si ferma e quando non sta riflettendo sull'essere o sul significato del mondo, fa ricerca e si istruisce, perché più si conosce, più si può capire.

Non è necessario sviluppare nuove formule matematiche o studiare la fisica quantistica per questo, ma si tratta di qualsiasi espansione della conoscenza. Ad esempio, può conoscere altre culture, leggere libri di saggistica su argomenti diversi o semplicemente ascoltare le notizie, riflettere in modo critico e sviluppare la propria opinione. Può anche sperimentare attivamente l'educazione viaggiando in altri Paesi, visitando musei o chiedendo a persone anziane di eventi storici di cui sono stati testimoni. Può anche chiedere ad amici e conoscenti quali sono le loro diverse professioni e credenze, oppure può fare delle escursioni nella natura, osservare gli animali e le piante e pensare a come questa vita naturale si sia sviluppata nel corso di milioni di anni sul nostro pianeta.

# Conclusione: penso, quindi sono - o no?

Il pensiero come chiave dell'esistenza - questo è probabilmente il grande punto in comune tra (quasi) tutti i filosofi, anche se con interpretazioni molto diverse. Cartesio vedeva i suoi movimenti di pensiero come la prova di essere un essere reale e non solo un'immaginazione fatta di aria.

David Hume disse che il pensiero è la più grande libertà che un essere umano possa avere - in un'epoca in cui la libertà umana era riconosciuta come un aspetto essenziale dell'esistenza. Buddha disse addirittura che l'uomo crea se stesso e il mondo con il suo pensiero - una tesi che fu ripresa anche nell'idealismo e nell'esistenzialismo.

Kant vedeva l'applicazione dell'intelletto, cioè il pensiero razionale, come la base per i cittadini per cambiare la società - e quindi anche la loro esistenza - nel loro senso. Platone intendeva il pensiero come la più alta forma di comunicazione e di scoperta di sé, in definitiva dovrebbe essere un "soliloquio dell'anima". Ipazia sapeva che il libero pensiero è un diritto che non deve essere ceduto a nessun prezzo.

Se pensiamo come materia fisica, come anima (con o senza materia) o semplicemente come immaginazione di noi stessi, probabilmente rimarrà una questione filosofica eternamente dibattuta. Alla fine, non ha importanza - perché "noi", qualunque cosa sia, pensiamo. Quindi qualche nostro 'essere' deve esistere, anche se si tratta solo dei pensieri stessi.

Come vuole definire il "pensiero" e quali sono le domande e gli argomenti a cui pensa, dipende solo da lei. Anche i filosofi del passato pensavano semplicemente cosa e come volevano pensare - questa è la natura della filosofia. Tuttavia, come un filo conduttore che attraversa le epoche della storia e le varie culture, c'è l'obiettivo di comprendere meglio l'essere e il mondo, e l'intenzione di rendere se stessi una persona migliore e il mondo un posto migliore. In questo senso

- per citare ancora una volta Kant: Abbia il coraggio di usare il suo intelletto.